सुधियों का इंद्रजाल

माधवी कपूर

कोविड महामारी से

जूझ कर एवं जीत कर

आगे बढ़ने वाले समस्त योद्धाओं की

सत्कर्म भावना और

संकल्प शक्ति को समर्पित

क्रम-सूची

क्रम-सूची

भूमिका

इस संकलन में अधिकांश कवितायेँ जिस समय लिखी गयी उस समय कोरोना वायरस अपने विकटता का आभास समाज को करवा चुका था | इसी कारण, इन रचनाओं में बहुधा एक विवशता एक अकेलापन अपने आप छलक आया है | वह समय भयावह था और अब हम उससे बहुत आगे बढ़ आये हैं | फिर भी, उस समय को याद रखना आवश्यक है क्योंकि वह हमें याद दिलाता है कि जीवन में क्या उपयोगी है और क्या नहीं |

बस इसी विचार के साथ, ये कविताएं आपको प्रस्तुत हैं |

1. जीवन के सभी रंग धुल गए धीरे धीरे

जीवन के सभी रंग धुल गए धीरे धीरे

एक रंग रतनारी
किंशुक की चमक लिए ।
मन के किसी कोने में
अपनी ही गमक लिए
निरंतर साथ चला, बहलाता धीरे धीरे ।
रंग यह ऐसा जैसे
हीर का दुकूल हो
रांझे तक पहुंचने की
छोटी सी भूल हो ।
गाता लहराता पवन संग धीरे धीरे ।
यही रंग केसरिया
मन में बसा हुआ
शीरीं फरहाद के
प्रेम में सजा हुआ ।
अंगुली पकड़ बचपन सा साथ चला धीरे धीरे ।
यही रंग शाश्वत
पारो के द्वार पर
लाया देवदास को

सारी सीमा पार कर |
अकुलाया मुरझाता बिखर गया धीरे धीरे |

—

• 2 •

2. बहुत अंतर है सखे

बहुत अंतर है सखे, बुझते दिए जलते दिए में
एक जलता पराजित
करता तमस को
शीश ऊपर को
उठा कर मुस्कुराता
नेह से भीगी हुई
बाती लिए वह
उजाले को हर तरफ
से घेर लाता
और दूजा निरंतर लड़ता तिमिर से
पालता धूमिल धुआं अपने हिये में |
बहुत अंतर है सखे, बुझते दिए जलते दिए में |
पीढ़ियों से चल रही
है यही कहानी
हारने या जीतने
का अर्थ कैसा
धरा से आकाश तक
बोझिल हवा में
बदलता सब कुछ
कि लगता व्यर्थ जैसा
है कठिन कहना बहुत पीछे रहें क्यों
जान कर भी शक्ति सीमित है जिए में

बहुत अंतर है सखे, बुझते दिए जलते दिए में

—

3. एक ध्रुव तारे का विलय

(अटल जी के महाप्रयाण पर)
एक ध्रुव तारे का विलय हुआ अम्बर में
मन बहुत रोया
यों तो इस सराय में
सदा कौन रुक पाया
समय के थपेड़ो में
किन्तु जो न झुक पाया
उस प्रवीर योद्धा ने देह-गेह छोड़ा जब
मन बहुत रोया
शब्दों में स्वाभिमान
प्रखर आन - बान लिए
विरोधी विषघटो से
घूँट बार बार पिये
ऐसे यशस्वी ने जीवन तार तोडा जब
मन बहुत रोया

—

4. कितनी सीढ़ी और चढ़े हम

कितनी सीढ़ी और चढ़े हम
किस चौखट पर घुटने टेके
कुछ तो बोलो !
समय बहुत बलवान कहीं भी
कुछ भी तो यह कर सकता है ।
यह पत्थर को मोम बना कर
अंदर अंदर जल सकता है ।
जलते हुए मोम की अग्नि
कैसे सह लें कुछ तो बोलो ।
चलने की सीमाएं होतीं
रुकने पर प्रतिबन्ध न होता ।
अनचाहा सा मनचाहा सा
कोई भी अनुबंध न होता ।
रोक टोक के गलियारे में
कैसे रह लें कुछ तो बोलो !
आयु मांगती है मूल्याङ्कन
इतना जीवन जी लेने से ।
लिख कर पूरी बात बता दो
सहज नहीं मुँह सी लेने से ।
भीगे पृष्ठों पर हस्ताक्षर

माधवी कपूर

कैसे कर दें कुछ तो बोलो !
कितनी सीढ़ी और चढ़े हम
किस चौखट पर घुटने टेके
कुछ तो बोलो !

—

5. सपने बंधक हुए पुलिन पर

सपने बंधक हुए पुलिन पर,
हम लहरों संग बहते आये ।
लहर लहर सब उल्टी सीधी
हर पल को करती अनदेखा ।
शैवालों में उलझाती बस
अगला पिछला कभी न देखा ।
मन नाविक के विश्वासों पर
हम तो सब कुछ सहते आये ।
यह संसार हुआ कब किसका,
किससे उपालम्भ कर पाते ।
किससे कहते बह न सकेंगे,
जीवन रुकता तब रुक जाते ।
इससे तो बहना ही अच्छा,
जल की गति को क्या समझायें ।
सपने बंधक हुए पुलिन पर,
हम लहरों संग बहते आये ।

—

6. एक किरच टीसती रही

एक किरच टीसती रही, आयु के सभी पड़ाव पर |
बात बड़ी या छोटी,
कौन समझ पाता है |
कौन अपनेपन के
द्वार खोल पाता है |
मन है कि भागता रहा, आयु के सभी पड़ाव पर |
एक तीखी सी चुभन
त्रास बहुत देती है
चीरती है अंदर तक
चैन नहीं लेती है
सहज सरल कुछ नहीं लगा, आयु के सभी पड़ाव पर |
एक किरच टीसती रही, आयु के सभी पड़ाव पर |

—

7. खुला गगन मिल जाए पखेरू

खुला गगन मिल जाए पखेरू
फिर भी दिशा हीन मत उड़ना ।
पंख भले ही खुले हुए हैं
जीवन गति को हर पल तोलो
यहाँ प्रभंजन या समीर से
कब कितना मिलना है बोलो ।
गलत राह मिल गयी अगर तो
सरल नहीं है वापस मुड़ना ।
यह संसार सरल है जितना
उतना ही यह गरल भरा है
सारी राहें उलटी सीधी
हर पग पर उलझाव धरा है ।
सपने सतरंगे हों फिर भी
कलुषित पथ से कभी न जुड़ना ।
खुला गगन मिल जाए पखेरू
फिर भी दिशा हीन मत उड़ना ।

—

8. प्रश्न मत करो उत्तर कोई दे न सकेगा

प्रश्न मत करो उत्तर कोई दे न सकेगा

बार बार मन सोच सोच

कर व्याकुल होगा

छोटी छोटी बातों पर

भी आकुल होगा |

इससे चुप ही रहो और बस बढ़ते जाओ

हर पल संग साथ भी कोई दे न सकेगा |

ऐसा कुछ भी नहीं

जिसे समझें समझाएं

मोती ढूंढें और

सीप घोंघे ले आएं |

सब कुछ सागर की पंकिल लहरें गिनने सा

सिकता कण से स्नेहिल सा कुछ ले न सकेगा |

प्रश्न मत करो उत्तर कोई दे न सकेगा |

—

9. तेरा द्वार बंद देखा तो

तेरा द्वार बंद देखा तो, दीपक चौखट पर रख आये
तुझे पता क्या बंद घरों में
अँधियारा भी अकुलाता है
दीवारों से, दरवाजों से
टूट टूट कर बतियाता है ।
उसको लगता जाने वाला
कभी लौट कर आएगा ही
अपनी मधुरं पदचापों से
रुनझुन स्वर में गायेगा ही ।
कहीं किसी संदों से होकर उजियारा तेरे घर आये
तेरा द्वार बंद देखा तो दीपक चौखट पर रख आये ।
कहीं रहो पर एक दिया तो
घर में स्वयं जलाने आओ
दरवाजे की दीवारों की
कथा व्यथा कुछ तो सुन जाओ ।
ऐसा भी क्या घर ने भी तो
तुम्हे सहेजा दुलराया है
खेल खिलौने वन्दनवारों
से भी इसको सजवाया है ।
चौखट पर सजवा कर सतिये, सतियों पर अक्षत घर आये
तेरा द्वार बंद देखा तो दीपक चौखट पर रख आये ।

10. आश्वासन के फूल खिलें तो

आश्वासन के फूल खिलें तो
जंगल भी अपना घर लगता
कोना कोना सज जाता है
रंग सभी मन को भी भाते
उलटे सीधे गलियारे भी
पैरों को गतिमय कर जाते।
पिंजरे के पांखी का रोदन
भी तब प्यार भरा स्वर लगता।
तेरा मेरा करते धरते
दूर निकल आये हम कबके
हम सबके हैं, सब अपने हैं
इसी भरोसे रहते अटके।
फूलों के संग चुभन शूल की
इससे बार बार डर लगता।
आश्वासन के फूल खिलें तो
जंगल भी अपना घर लगता।

—

11. मुट्ठियों में बंद रेत सी

मुट्ठियों में बंद रेत सी
संद संद ज़िन्दगी झरी
फूल कब खिला पता नहीं
एक - एक पाँखुरी गिरी |
पालते रहें हैं देह को
संदली उजास मानकर
रोग - शोक पोसते रहे
जीवन हुलास जान कर |
हर एक पर्व हर घड़ी
पारिजात जैसा लगा
घर द्वार सभी में रहा
सजने संवरने का सिलसिला |
और हम समझ नहीं सके
आँख कब कहाँ कहाँ भरी
मुट्ठियों में बंद रेत सी
संद संद ज़िन्दगी झरी |
और दूर दूर जाएँ जब
बहुत कुछ पाएंगे हम
एक इसी भाग दौड़ में
कहीं भी न रुक पाएं हम |

एक प्रश्न बार बार कौंधता
धुल भरे अम्बर से
उलझता है क्यों जीवन
व्यर्थ ही बवंडर से ।
राग-मोह की अभीप्सा
अंत में कहाँ कहाँ डरी
मुट्ठियों में बंद रेत सी
संद संद ज़िन्दगी झरी
फूल कब खिला पता नहीं
एक - एक पाँखुरी गिरी ।

—

12. अब घर वापस जाना होगा

यात्रा पर निकले थे बंधु
अब घर वापस जाना होगा
राख, धूल, मिट्टी सबमें
देखा जीवन की गति रहती है
सूरज के उजियारे से
अंधियारे की सहमति रहती है ।
तमस, तपन सबसे निकलें
तब कुछ उजास तो पाना होगा ।
कड़ुआ, मीठा, गरल और मधु
सब मिलजुल कर साथ चलें हैं
कह न सके हम तो आजीवन
स्नेहिल लौ के साथ जले हैं ।
सहन शक्ति की सतत परीक्षा
देकर मन बहलाना होगा ।
लोभ, लाभ सबसे मन छूटे
गुणा घटाना सब रह जाए
बाहर भीतर एक कहानी
जो अंधियारे को सह जाए
पाप पुण्य सब यहीं छोड़ कर
नव जीवन तो पाना होगा ।

माधवी कपूर

यात्रा पर निकले थे बंधु
अब घर वापस जाना होगा |

—

13. साँसों का शीश महल

साँसों का शीश महल
चन्दन उशीर से
काँति लिए शांति लिए
प्रत्येक पग पर
अनुभव की भ्रान्ति लिए
अपने में प्रमुदित अपने में विह्वल
साँसों का शीश महल
कभी कगारों से
धुलता हुआ रूप रंग
कभी सजावट से
सुलगता अंग अंग
कितने प्रयत्न करो मिलता न कोई हल
राह पर बिखरे हुए
पत्थरों के शूलों से
चोट चुभन सब झेले
अपनी ही भूलों से
दर्पण दिखलाता जीवन गति हर पल
साँसों का शीश महल !

—

14. देवदास यदि तुम, पारो को मिल जाते तो

देवदास यदि तुम, पारो को मिल जाते तो

इतनी विरह भरी गाथा यह

कहीं दुबक के सोती रहती

मिलन राग में बजी बांसुरी

कहीं बेसुरी होती रहती ।

तुम मिल जाते पारो भी बस

सजी धजी गुड़िया रह जाती

घर के गहरे कूप उतरती

कभी नहीं ऊपर आ पाती

सारे रंग अधूरे रहते तुम प्रसून से खिल जाते तो

देवदास यदि तुम, पारो को मिल जाते तो ।

अंतर कहाँ पड़ा जीवन में

तुम रोये या बादल रोये

किसको पीर दिखा पाए बस

कांटो में ही उलझे खोये ।

कब तक अधरों पर पारो

मुस्कान सजाये द्वार खोलती

जब मिल जाए अभीप्सित तब

वह प्रेम तुला पर किसे तौलती ।

चक्रव्यूह में फंस जाने पर बाहर नहीं निकल पाते तो !

देवदास यदि तुम, पारो को मिल जाते तो !

—

15. अच्छा लगता नहीं सदा चुप रहना भी

अच्छा लगता नहीं सदा चुप रहना भी |

कितने दिन के बाद

धूल दर्पण की झाड़ी

सब कुछ पहले सा

पर अपनी छवि लगी अनाड़ी |

दिन बीते या कई कई युग बीत गए

भूल गए हम अपने मन का कहना भी |

ऐसे तो जीवन के

राग नहीं मिलते

सप्त सुरो को जब तक

साज नहीं मिलते

चुप रहने का अर्थमीत खो जाता है

और बिखर जाता है मन का सपना भी |

कहने की क्षमता में

गांठें मत डालो

चुप रहने की सजा

नहीं मन में पालो

चलो खोल दें अंतर्मन के सब बंधन

शेष न रह जाए आगे कुछ कहना भी |

अच्छा लगता नहीं सदा चुप रहना भी |

—

16. तू स्वयं को जान ले

सब तुझे जाने न जाने, सब तुझे माने न माने
तू स्वयं को जान ले इतना बहुत है |
शब्द शब्द बिखर रहे जब,
जोड़ने की बात कैसी
हर डगर पर मीत मन को
तोड़ने की बात कैसी
समय की गति को परख बस
स्वयं को तू मान दे इतना बहुत है |
भाग्य को भी दोष मत दे,
यही है शाश्वत सनातन
हर चरण आगे बढ़ाता
हर चरण पर टोकता मन |
और इस उलझाव में ही बीतते पल
तू सहज सज्ञान ले इतना बहुत है |
सब तुझे जाने न जाने, सब तुझे माने न माने
तू स्वयं को जान ले इतना बहुत है |

—

17. नेह बिखर आया

बहुत दिनों के बाद, पिकी ने ऐसा कुछ गाया
रेतीले पथ पर भी जैसे नेह बिखर आया |
थोड़ी सी शीतलता
लेकर मंद बयार चली
थोड़ी सी हलचल भी
मन को लगने लगी भली |
हँस हँस कर खिलते पलाश ने अमलतास से पूछा
अम्बर ने क्या दिया धरा ने क्या कुछ अपनाया |
बहुत दिनों के बाद...
उधर गगन से धूसर
धूमिल बादल भी आये
रहे घेरते सभी दिशाएं
सबके मन भाये
बादल के छौने कपास की फाहों से हलके
मन के अंधियारे में भी कुछ उमड़ घुमड़ छाया |
बहुत दिनों के बाद...

18. धूप में खिलती हुई कचनार

धूप में खिलती हुई कचनार
कह रही है गुलमोहर के कान में कुछ |
धूप भी लगने लगी है
चांदनी सी |
और तुम उल्लास की
अभिव्यक्ति जैसे !
यह धरा यह गगन
भी कुछ कह रहे हैं
सभी ऋतुओं में
हुई आसक्ति जैसे |
चिलचिलाती दोपहरी भी
कह रही गुलमोहर की आन में कुछ |
धूप में खिलती हुई...
निकलती शीतल बयारें
मलयवन से
तपन में भी ग्रीष्म ऋतु की
घोलती मधुकण |
कह रही अंगार बरसे
नीर जैसे तुम यहाँ हो
बस तुम्हारी छाँव में

मिलते रहें मधु क्षण।
राग की अनुराग की सारी कथा में
कह रही हैं इस विजन की शान में कुछ।
धूप में खिलती हुई...

—

19. कौन कहाँ खोया है

भीड़ भरे चौराहे, कौन कहाँ खोया है |
कुंडली लगाए दर्प,
मन के किसी कोने में |
ऊपरी सौम्यता बस
होने न होने में |
कैसे कहें कौन राग, अंतस का सोया है |
भीड़ भरे चौराहे, कौन कहाँ खोया है |
रूप, रास गंध सभी
अर्थहीन हो गए
पथ पर चले निरन्तर
लक्ष्य किन्तु खो गए |
अनुरागी पीर लिए मन बहुत रोया है |
भीड़ भरे चौराहे, कौन कहाँ खोया है |
राजमार्ग गलियारे
सब के सब भूल गए |
सूनी पगडण्डी पर
चलना हम भूल गए |
काट रहे हैं यहाँ सबने जो बोया है |
भीड़ भरे चौराहे, कौन कहाँ खोया है |

---

20. कैसे सहज बने इंसान

कैसे सहज बने इंसान तुम्हारे मेले में ।
सागर बहता पुलिन तोड़कर
अगला पिछला सभी छोड़ कर ।
कोई बून्द बून्द को तरसे
कोई हर पल हरसे सरसे ।
कैसा अजब विधान तुम्हारे मेले में ।
कैसे सहज बने इंसान तुम्हारे मेले में ।
सांझ हुयी पंछी घर आये
दाना चुग्गा भी संग लाये ।
झोपड़पट्टी पानी पानी
भीगी आँखे कहें कहानी ।
सोया हर संज्ञान तुम्हारे मेले में ।
कैसे सहज बने इंसान तुम्हारे मेले में ।
बहुत शुभ्रता बहुत नम्रता
बीते हुए समय की शुचिता
नवयुग के बिहान में खोयी
जागरूकता हर पल रोई ।
कब होगा उत्थान तुम्हारे मेले में ।
कैसे सहज बने इंसान तुम्हारे मेले में ।

—

21. कौन कहाँ कितने पानी में

कौन कहाँ कितने पानी में
आओ चल कर देखें तो |
धरती छोटी हो जाती
जब पैर बड़े हो जाते हैं |
बड़ी विचित्र कथा जीवन की
कहाँ कहाँ हम खो जाते हैं |
कौन यहाँ अम्बर छू आया
कौन धारा पर घूम रहा |
राग द्वेष की धमा चौकड़ी
आओ चलकर देखें तो |
साथ निभाता कौन
राह जब उलझट्टे में खोयी हो
अपने अपने रागों वाली
मधुर बांसुरी सोई हो |
कोई विरहा गा कर रोता
कोई राग मल्हार सुनाये
ऐसे में चुप हो क्यों बैठें
आओ चलकर देखें तो |
कौन कहाँ कितने पानी में
आओ चल कर देखें तो |

—

22. समय तू कुछ पल ठहर जा

समय तू कुछ पल ठहर जा ।
उमड़ती काली घटा
किसका संदेशा ला रही है
ये नहाई तरुलता भी
झिलमिला कर गा रही है ।
एक बस तू निमिष भर ही
प्रकृति से संवाद कर जा ।
समय तू कुछ पल ठहर जा ।
बहुत सी अनकही बातें
धारा की हों या गगन की
बहुत सी अनुभूतियाँ
जो बिखरती हर एक मन की ।
तू सभी की कामनाओं में
नया विस्तार भर जा ।
समय तू कुछ पल ठहर जा ।

—

23. ऐसा कभी नहीं सोचा था

धीरे धीरे सपने भी आँखों से आँख चुरायेंगे
ऐसा कभी नहीं सोचा था ।
दिया जलाये नींद बावली
पलकों पर पहरे लगवाती
कहाँ कहाँ की झूठी सच्ची
बातों के अम्बार लगाती ।
कुछ जागे से कुछ खोये से हर पल नींद लुभाएंगे
ऐसा कभी नहीं सोचा था ।
सपने तो व्यवसाय नहीं हैं
सपनों पर अनुबंध न कोई
यह तो राजा रंक सभी के
अंतसमन की तृषा संजोई ।
तोल मोल कर इसमें भी आकर प्रतिबन्ध लगाएंगे
ऐसा कभी नहीं सोचा था ।
सो जाने पर अंतर्मन के
द्वार स्वयं ही खुल जाते हैं
सारे कलुष भरे गलियारे
रोग शोक भी धूल जाते हैं
मन के धुले धुले दर्पण पर धुंधली परछाई लाएंगे
ऐसा कभी नहीं सोचा था ।

माधवी कपूर

24. मेघ बस बरसा किये

तृषित मन ने स्वाति की दो बूँद मांगी थी,
किन्तु धरती से क्षितिज तक मेघ बस बरसा किये ।
एक जल की धार
चरणों को भिगोती
एक जल की धार
नयनो में संजोती
चाह छोटी थी बहुत फिर भी
चाहतों के विजन में तरसा किये ।
तृषित मन ने स्वाति की दो बूँद मांगी थी,
किन्तु धरती से क्षितिज तक मेघ बस बरसा किये ।
खिलेंगे फिर फूल
फिर मकरंद बरसेगा
सब दिशाओं में
नया सा रंग निखरेगा ।
और मन के किसी कोने में
सरसती दो बून्द भी बिसरा दिये ।
तृषित मन ने स्वाति की दो बूँद मांगी थी,
किन्तु धरती से क्षितिज तक मेघ बस बरसा किये ।

—

25. बांसुरी खो गयी

बाँसो के जंगल में बांसुरी खो गयी ।
पोर पोर की चिटकन
हरियाली सोखती
सुर ताल राग रंग
विषमता पोसती ।
सँझबाती कौन करे प्रभाती कौन गाये
इसी उलझन में घनी रात हो गयी ।
बाँसो के जंगल में बांसुरी खो गयी ।
कितने सुरीले गीत
संदो में पिरोये थे
सप्तसुर सप्तराग
अंग में संजोये थे ।
सूने में सागर की लहरें समेटती
अम्बर से तारों से बतकही हो गयी ।
बाँसो के जंगल में बांसुरी खो गयी ।
खोयी हुयी वस्तु का
उलाहना किससे करें
मन की खाली गागर
जा कर किस ठौर भरें ।
घर में कुछ खोये तो मिल भी जाता है
यही बात आंकुल तन-मन भिगो गयी ।
बाँसो के जंगल में बांसुरी खो गयी ।

—

26. आँखों ने अर्घ चढ़ाया है

टूट न जायें कहने सुनने की सीमाएं
इसीलिए आँखों ने अब तक अर्घ चढ़ाया है |
गीत नहीं यह अंतर्मन की
घुटन हठीली है
इसके लिए साज सब झूठे
स्वर गति ढीली है |
रूठ न जाएँ अपनी ही आँखों के सपने
इसीलिए मन ने मन को हर पल समझाया है |
टूट न जायें कहने सुनने की सीमाएं
इसीलिए आँखों ने अब तक अर्घ चढ़ाया है |
तन जब साथ न दे
मन लम्बी भरता रहे उड़ाने
ऐसे में उलझे तारों को
कौन लगे सुलझाने |
एक एक पग पर उलझट्टे पैर हुए पथरीले
फिर भी उसे सराहा जो अब तक मिल पाया है |
टूट न जायें कहने सुनने की सीमाएं
इसीलिए आँखों ने अब तक अर्घ चढ़ाया है |

—

27. भूल गए हम

तुम क्या आये भूल गए हम
सारी ऋतुओ का अभिनन्दन |
कैसा पतझर कैसी मधुऋतु
सारे राग विराग खो गए
भय की ऐसी बंधी अर्गला
आल्हादित अनुराग खो गए |
ओ अनचाहे अतिथि तुम्हारे
आने से करता जग क्रंदन |
तुम क्या आये भूल गए हम
सारी ऋतुओ का अभिनन्दन |
वैसे तुमने तो ओ बंधू
धरती का उपकार किया है
स्वच्छ हो गयीं सारी नदियां
जल को सरल प्रवाह दिया है |
रातें नीले अम्बर में अब
नक्षत्रों का करती दर्शन |
तुम क्या आये भूल गए हम
सारी ऋतुओ का अभिनन्दन |

—

28. बिखरा हुआ सामान

बैठ कर बिखरा हुआ सामान अब कैसे समेटे
कुछ समझ आता नहीं है ।
कहीं हैं कतरन लिखे कुछ
पृष्ठ की बिखरी हुयी ।
कहीं सूखी पंखुरियाँ हैं
चुभन सी देती हुयी ।
मुँह छुपाती लेखनी
देती नहीं उत्तर कभी ।
पूछने पर मौन रहती
घुटन में रहती सधी ।
कहाँ से कुछ स्वर सजोएं कहाँ से अक्षर समेटें
कुछ समझ आता नहीं है ।
उलझते धागे न सुलझे
कहाँ ताना कहाँ बाना ।
मन जुलाहा मौन बैठा
सूत चरखा सब वीराना ।
और करघे पर चढाकर
कौन सी चादर बुने अब
कुछ पुरानी कतरनों में
कौन सी रंगत चुने अब ।
कहाँ खोये हो कबीरा कहो तो क्या क्या सहेजें
कुछ समझ आता नहीं है ।

बैठ कर बिखरा हुआ सामान अब कैसे समेटे
कुछ समझ आता नहीं है ।

—

29. संधिपत्र सा सारा जीवन

संधिपत्र सा सारा जीवन
कहीं उजास मिले तो पढ़ लें ।
आड़ा तिरछा उलटा सीधा
हर चौराहा हर गलियारा ।
तुड़े मुड़े पृष्ठों पर लिखकर
किसने अब तक कहाँ पुकारा ।
अपनेपन से भरा भरा मन
बुझी राख में आग सजाता ।
हर पल हर क्षण आशाओं का
नेह भरा बस दीप जलाता ।
मन के तमसाकार क्षितिज पर
समझ नहीं आता क्या कर लें ।
संधिपत्र सा सारा जीवन
कहीं उजास मिले तो पढ़ लें ।
यह आकुलता नहीं बहुत
ठहरे पानी की गहराई है ।
अंदर अंदर बाँध तोड़ती
अपने से न उबार पायी है ।
कहीं उजाला इतना मन के
सारे द्वार बंद हो जाएँ ।

कोमल इच्छाओ के सारे
ही अनुबंध कहीं खो जाएँ ।
बड़े हठीले मन के सपने
नींद नींद में ही कुछ गढ़ लें
संधिपत्र सा सारा जीवन
कहीं उजास मिले तो पढ़ लें ।

—

30. चाहत के सुमेरु

चाहत के सुमेरु पलते हैं
बंजारों की बस्ती में |
पत्थर पत्थर जुड़े घरोंदे
रहकर भी सब रहे अजाने |
अपने अपने में सीमित सब
आवश्यक हो तब पहचाने |
रहती यहाँ उड़ाने लम्बी
बस अपनी ही मस्ती में |
चाहत के सुमेरु पलते हैं
बंजारों की बस्ती में |
ऊँची उड़ती हुई पतंगें
कैसे काटी जाती हैं |
कहाँ कहाँ पर डोर लड़ानी
गलियां छांटी जाती हैं |
हर पल चेहरे बदल रहे हैं
अपनी अपनी हस्ती में |
चाहत के सुमेरु पलते हैं
बंजारों की बस्ती में |
जीवन को अब न्याय तुला
पर रख कर आओ तोले तो |
मन में चुभती हुयी फांस को
मिल कर ज़रा टटोलें तो |

टूटती है युवा पीढ़ी
किसकी सरपरस्ती में ।
चाहत के सुमेरु पलते हैं
बंजारों की बस्ती में ।

—

31. मुँह ढके सोई संवेदना

सूली पर टंगे जैसे प्राण
मुँह ढके सोई संवेदना ।
हरियाए तरुओं में
पहले की हलचल ।
फूलो की सुरभि में
कहीं न कोई छल ।
पक्षियों के गीतों में
रस है राग है ।
नीड़ों में भरा जैसे
अनुपम अनुराग है ।
डरा डरा मानव अब
किससे कहे वेदना ।
सूली पर टंगे जैसे प्राण
मुँह ढके सोई संवेदना ।
झूठ और सच के
सारे भ्रम टूट गए ।
वेद की ऋचाओं के
सारे क्रम छूट गए ।
भौतिक सुविधाएं हमें
कहाँ ले आयी हैं ।
सारे सम्बन्धो पर
अंधी परछाई है ।

अर्थ, आकांक्षा के कूप में
डूब गयी मानव की चेतना
सूली पर टंगे जैसे प्राण
मुँह ढके सोई संवेदना ।

—

32. समय की शिंजनी

कुछ समय ने कुछ समय की
वक्र होती शिंजनी ने
तोड़ कर झझकोर कर
ही रख दिया है |
खिड़कियों से धूप
आकर झांकती है |
उठो अपने काम पर
लग जाओ कह कर हाँकती है |
और कोल्हू बैल जैसे हम
गला झटके पैर पटके |
मन को मारे तन से हारे
घरों में रहते सदा भटके |
बाहर जाओ या बाहर से
कोई घर आये |
सारे सम्बन्धो को
मोड़ कर ही रख दिया है |
कुछ समय ने कुछ समय की
वक्र होती शिंजनी ने
तोड़ कर झझकोर कर
ही रख दिया है |
यह समय की क्रूर गति
कोई संदेशा दे रही है |

झोपडी हो या महल
सबको धरा पर ले रही है |
कह रही जैसे सभी से
मोह छोड़ो छोह छोड़ो |
ठहर कर चिंतन करो कुछ
कामनाओं को न जोड़ो |
जोड़ना या घटाना यह तो
मनुज की विवशता है |
कौन सा दर्पण सभी के
सामने बस रख दिया है |
कुछ समय ने कुछ समय की
वक्र होती शिंजनी ने
तोड़ कर झझकोर कर
ही रख दिया है |

—

33. फिसलन भरे गली गलियारे

फिसलन भरे गली गलियारे
कैसे चलें कहाँ जाएँ |
घर का पिंजरा खुला रहा
पर उड़ना जैसे भूल गए |
फूलों जैसी सहज राह पर
चुभते हैं अब शूल नए |
खुली खिड़कियों से अम्बर को
ताक रहे हैं मन मारे |
समझ नहीं पाते हैं मन को
क्या कह कर अब समझाएं |
फिसलन भरे गली गलियारे
कैसे चलें कहाँ जाएँ |
व्याधि विषम है यह कचोटती
अंतर के हर कोने को |
डर को, भय को दूर कर सके
ऐसा तो कुछ होने दो |
ऐसे तो आल्हाद उमंगें
कब तक चुप रह पाएंगी |
नयी पीढ़ियां कदम कदम पर
क्यों अपने को भरमाये |

फिसलन भरे गली गलियारे
कैसे चलें कहाँ जाएँ |

—

34. बिन बूझी पहेली

बिन बूझी पहेली का हल कैसे ढूंढेंगे ?
रात दिन रोटी और
पानी का जुगाड़ हुआ ।
तिल सा दुःख भी
बढ़ कर ताड़ हुआ ।
कैसे हम रोग शोक मोह से जूझेंगे
बिन बूझी पहेली का हल कैसे ढूंढेंगे
भागते रहेंगे या रुकेंगे
किसी मोड़ पर ।
सारी भौतिक इच्छाएं
यहीं पर छोड़ कर ।
कहाँ वह तपोवन जहाँ स्वयं को भूलेंगे ।
बिन बूझी पहेली का हल कैसे ढूंढेंगे ।
प्रकृति का रंग रूप
कुछ नहीं बदला है
दिन पूरा उजियारा दे
रात में ढला है ।
खुली आँख विस्मृति के पलने में झूलेंगे ।
बिन बूझी पहेली का हल कैसे ढूंढेंगे ।

—

35. अब नदी बहने लगी है

तोड़ कर तटबंध सारे
अब नदी बहने लगी है ।
रोकने से टोकने से
बात अब कैसे बनेगी ।
मिट्टी की भित्तियां ये
कैसे सब सह सकेंगी ।
लहरों के भंवरो में
गति विकल रहने लगी है ।
तोड़ कर तटबंध सारे
अब नदी बहने लगी है ।
उफनते बहते सलिल ने
भर दिए गतिरोध इतने ।
कहाँ पग रक्खें कहाँ जाए
करें अनुरोध कितने ।
मूक बधिरों की यहाँ अब
सभाएं सजने लगी हैं ।
तोड़ कर तटबंध सारे
अब नदी बहने लगी है ।

—

36. पहले पता नहीं था

फूल नहीं फूलों संग बंधु कांटे भी होते हैं
पहले पता नहीं था |
चंचलता की चपल लहर
संग जीवन बह लेगा |
जो भी हो जैसा भी हो
सबकुछ सह लेगा |
लहरों के कुछ पल उलझन में कांटे ही होते हैं
पहले पता नहीं था |
गलियों चौराहों राहों पर
बहुत विसंगति है |
मृगतृष्णा में रहो भागते
कहीं न कहीं कोई गति है |
राग रंग ने कुछ पल फिर भी बांटे होते हैं
पहले पता नहीं था |
पारिजात या अमलतास ने
कुछ तो सिखलाया |
खिलो बिखरते रहो यही
बस जीवन की माया |
फूल शूल की तुला पकड़ कर घाटे ही होते हैं |
पहले पता नहीं था |

—

37. सुख की एक बूँद

कितने ताल तलैये छाने
सुख की एक बूँद पाने को ।
पैरों को उलझाता पानी
गति की क्षमतायें समझाता ।
कितना चलना कितना गिरना
कभी कभी ही मन को भाता ।
सागर का उफान उठता जब
पोर पोर दुःख गहराने को ।
कितने ताल तलैये छाने
सुख की एक बूँद पाने को ।
सुख ने परिभाषाएं बदलीं
दुःख ने अपना रूप न जाना ।
हर चौखट हर दरवाजे पर
इसको अपनी छाप बनाना ।
द्वार द्वार सतिये सजवाते
हम अपना मन बहलाने को ।
कितने ताल तलैये छाने
सुख की एक बूँद पाने को ।
क्यों हम इतना भाग रहे हैं
इंद्रा धनुष से सपने ले कर ।
कभी पुलिन पर बैठ न सोचा
क्या होगा लहरों को गिनकर ।

लहर लहर हंस कर कहती है
आओ डूबें उतराने को |
कितने ताल तलैये छाने
सुख की एक बूँद पाने को |

—

38. लौट आये जब सदन में

अपेक्षाओं को विदा कर
लौट आये जब सदन में ।
खोल कर सब द्वार
तोड़ी अर्गलाएँ ।
खुले घर ने खुले मन ने
छोड़ दी सब कामनाएं ।
अब कहीं अपनी परायी
भावनाएं हो न मन में ।
अपेक्षाओं को विदा कर
लौट आये जब सदन में ।
गवाक्षों से महकती सी
समीरण आने लगी ।
बिन बजायी रागिनी की
मधुर ध्वनि छाने लगी ।
मधुभरे क्षण मधुभरे कण
पर नहीं भाये विजन में ।
अपेक्षाओं को विदा कर
लौट आये जब सदन में ।
नेह नातों की तिजोरी
अपेक्षाएं बांधती है ।

हर चरण पर वरन के कुछ
सुमन ले कर साधती है |
हमें फिर भायी धरा
कुछ भी नहीं पाकर गगन में |
अपेक्षाओं को विदा कर
लौट आये जब सदन में |

—

39. खिलखिलाते गुलमोहर हैं

खिलखिलाते गुलमोहर हैं
और हम सहमे हुए अपने घरों में।
घर बहुत देता सुरक्षा
सैकड़ो सपने सजाता।
समय जो आया नहीं है
उसी के गुणगान गाता।
आज कोटर में छिपे पंछी सरीखे
रह रहे हैं हम सभी अपने घरों में।
त्रासदी यह है भयंकर
झेलने की विवशता है।
प्रकृति क्षमताएं बढाती
यही अपनी सहजता है।
आज आओ तमस को फिर घेर कर
कुछ नए दीपक जलाएं हम घरों में।
खिलखिलाते गुलमोहर हैं
और हम सहमे हुए अपने घरों में।

—

40. दर्पण का क्या दोष

धूल धूसरित अंतर्मन जब
दर्पण का क्या दोष कबीरा ।
माटी के सारे गुण दुर्गुण
काया को अनुकूल बनाते ।
तन के साथ जुड़े अनुरागी
सम्बन्धो के फूल सजाते ।
माटी राग विराग सजाती
किसको दें फिर दोष कबीरा ।
धूल धूसरित अंतर्मन जब
दर्पण का क्या दोष कबीरा ।
अपनी सीमाओं में बंधकर
हम गलियारों में ही खोये ।
साफ़ स्वच्छ पथ होने पर भी
तमस घिरे अनुराग संजोये ।
मन का कल्मष कुछ धूल जाए
दर्पण हो निर्दोष कबीरा ।
धूल धूसरित अंतर्मन जब
दर्पण का क्या दोष कबीरा ।

—

41. बच्चे बड़े हो गए हैं

बच्चे अब बच्चे नहीं रहे बड़े हो गए हैं।
पीठ पर लादे हुए भारी बैग
झुके हुए कंधे, पानी की बोतल
टिफिन और छाता।
दूसरी और कचरे से खोजते हुए
खाली बोतले लोहे की छड़ें।
और टूटा फूटा फटा पुराना
जो भी भा जाता।
कुछ जानने का कौतूहल
भोलापन आँखों से भाग गया है।
समय के समाज के खुलेपन से
उनमे मैं और मेरा जाग गया है।
बासी और पुराना लगता उन्हें सब
वे आँख से आँख मिला कर खड़े हो गए हैं।
बच्चे अब बच्चे नहीं रहे बड़े हो गए हैं।
कहाँ से लाएं ढूंढ कर उनका बचपन
कैसे दें उन्हें प्रसन्नता के
कुछ पल कुछ क्षण।
ये सुख सुविधाओं में पले
सजे धजे बच्चे।
या झोपड़पट्टी में भूख और गरीबी से
जूझते बच्चे।

सब तनाव में आगे भाग रहे हैं
उनकी आँखों में केवल
उनके सपने जड़े हो गए हैं |
बच्चे अब बच्चे नहीं रहे बड़े हो गए हैं |

—

42. तट पर नाव

तट पर नाव बंधी है नाविक
कैसे पार उतर पाएंगे |
लहर लहर पर आशाएं हैं
दूर दूर तक बहते जल में |
सोते जागते यही कामना
रह न जाए कुछ भीगे पल में |
करनी धरनी मोह छोड़ कर
कैसे यहाँ उबर पाएंगे |
तट पर नाव बंधी है नाविक
कैसे पार उतर पाएंगे |
एक छोर पकड़ो पर फिर भी
दूजा छोर छूट जाता है |
लम्बा जीवन लम्बी बिखरन
बड़ी अलग जीवन गाथा है |
अपने तक सीमित हैं हम सब
कैसे कहाँ संवर पाएंगे |
तट पर नाव बंधी है नाविक
कैसे पार उतर पाएंगे |

43. जीवन का रूप

डरा डरा मन, थका थका तन
क्या जीवन का यही रूप है
जटिल प्रश्न यह घूम रहा है
अंदर भी मन के बाहर भी ।
किसे सम्हालें किसे सहेजें
बंद अपेक्षाओं का घर भी ।
समय विवश कर देता सबको
ऐसा ही सुनते आये हैं ।
इतने पर भी अंतर्मन में
सपने सब गुनते आये हैं ।
कितना गहरा तमस भरा यह
आशाओं से घिरा कूप है ।
डरा डरा मन, थका थका तन
क्या जीवन का यही रूप है
उत्तर देने की नादानी
करने की हम भूल करें क्यों ।
अन्धकार से गहराई से भी
बचने की भूल करें क्यों ।
यह सब तो उशीर आलेपन
तन महकाये मन बहलाये ।
धीरे धीरे घेर घेर कर
सबको आश्वासन दे जाए ।

खिड़की द्वार झरोखे खोलो
बाहर देखो खिली धूप है ।
डरा डरा मन, थका थका तन
क्या जीवन का यही रूप है ।

—

44. दीप जले जीवन का

सांझ की हथेली पर, दीप जले जीवन का
कैसी बयार चले
कैसा प्रभंजन हो ।
दिप दिप कर जलने का
जैसे कोई प्रण हो ।
सांस सांस ढलती सी मीत बने जीवन का
सांझ की हथेली पर, दीप जले जीवन का
कहने को सब कुछ
स्वप्नवत कहे कोई ।
फिर भी टूटी कड़ियों को
जोड़ता रहे कोई ।
मन में बस घूम घूम गीत बने जीवन का
सांझ की हथेली पर, दीप जले जीवन का
संध्या के धूमिल
अँधेरे में खोये हुए ।
राग अनुराग के
रंग भी सजोये हुए ।
कैसा विलक्षण यह नेह पले तन मन का
सांझ की हथेली पर, दीप जले जीवन का

—

45. धूप भरे आँगन

बड़े बड़े धूप भरे आँगन को तरस गए

शतरंज की गोटी सा

सारा सामान सजा ।

घर के घरोंदे में

कहाँ कहाँ क्या धरा ।

छोटा सा घर बिखरे

उलझते सपने ।

नाप तौल पैर धरो

मन को करो बस में ।

बादल और पानी का मेल जोल ऐसा बढ़ा

जहाँ जब चाहें आ कर बरस गए ।

बड़े बड़े धूप भरे आँगन को तरस गए ।

धूप अलबेली

खिड़की से झाँक गयी ।

सोने की तीली से

मन में कुछ आंक गयी ।

मन फिर खोया सा

ताक रहा अम्बर को ।

हर पल छलकती सी

मन ही की गागर को ।

आगे बढ़ने की ललक पीछे सब छोड़ रही

कोई तो पल होता जहाँ सब सरस रहें ।

बड़े बड़े धूप भरे आँगन को तरस गए |

—

46. अम्बर की उड़ान

हमने एक झरोखे से पर फैलाये
तुमने द्वार खिड़कियां खोली
अम्बर की उड़ान भर ली है ।
प्रतिबंधित जीवन जीने पर
कैसे कुछ बोला जाता है ।
कैसे मन के उद्गारों को
घड़ी घड़ी तोला जाता है ।
लोक लाज आडम्बर सब कुछ
रखकर तुमने एक किनारे
आगे बढ़ कर मुड़ी न पीछे
शाश्वत एक आन रख ली है ।
तुमने द्वार खिड़कियां खोली
अम्बर की उड़ान भर ली है ।
समय शिला पर चिन्ह बन गए
नवयुग का निर्माण हुआ है ।
दोयम दर्जे का सारा दुःख
श्रम सिंचित संधान हुआ है ।
अब तो सारे कक्कड़ पत्थर
सभी वर्जनाये ठुकरा कर
खुली सड़क पर निर्भय चलकर
घर की अतुल शान रखली है ।
तुमने द्वार खिड़कियां खोली

माधवी कपूर

अम्बर की उड़ान भर ली है |

47. लम्बी हो गयी रातें

हो गए सपने सभी छोटे
और लम्बी हो गयी रातें |
समय की बहती नदी से
आचमन कैसे करें |
कहाँ ठहरेंगे पुलिन से
बात यह कैसे कहें |
बिखरती सद्भावना सारी
अनकही सी हो गयी बातें |
हो गए सपने सभी छोटे
और लम्बी हो गयी रातें |
कभी कुछ भी हो नहीं पाता
संतुलन का राग गाने से |
टूटना जुड़ना किसे भाता
स्वयं को छलने छलाने से |
हो गयी विद्रोहिणी आकांक्षा
झेलकर आयी गयी घातें
हो गए सपने सभी छोटे
और लम्बी हो गयी रातें |

—

48. सुधिओं का इंद्रजाल

सुधिओं का इंद्रजाल !
रात भर सिरहाने
बैठ कुछ गुनता है ।
होनी अनहोनी के
तार जैसे बुनता है ।
कहीं न कह सके
कोइ न सुन सके ।
जागे या सोये की
बात न गुन सके ।
झिलमिल झिलमिल सा मोती माणिक प्रवाल
सुधिओं का इंद्रजाल !
किसकी कहानी थी
किसको सुनानी थी ।
अपने में खोयी हर
बात अनजानी सी ।
निरंतर भाग रहा
हर पल में जाग रहा ।
शीतल चन्दन कभी
सुलगी सी आग सा ।
कैसा विलक्षण यह
नितप्रति का मोहजाल ।
सुधिओं का इंद्रजाल !

—

49. एक मुट्ठी उजास

एक मुट्ठी उजास मिल जाये ।
बात छोटी है पर डगर लम्बी
और कितना चलेंगे क्या जाने ।
पैर को तमस जाल घेर रहा
लक्ष्य मिल जाये तो सही जाने ।
क्षितिज तक उतरता गगन कहता
आगे कुछ तो हुलास मिल जाये ।
एक मुट्ठी उजास मिल जाये ।
लोग जो बिना पंख के उड़ते
हम न उनके चरण पखार सके ।
इस धरा से गगन से जो भी मिला
उसमे जीते तो कभी हार गए ।
देह की नीड़ में घिरा पंछी
इसे उड़ने की आस मिल जाए ।
एक मुट्ठी उजास मिल जाये ।

—

50. आओ तट पर बैठें

आओ तट पर बैठें
बहते जल से कोई बात करें
पूछे उससे ऐसा क्या है
भागम भाग लगी है क्यों
छूआछुई की खेल सरीखी
कोई घात लगी है क्यों
जब रुकता तो उत्तर देता
मन से मन की कह पाता |
पर लहरों के उलझट्टे में
कहाँ अकेला रह पाता |
अपलक देख रहे जल की गति
क्यों ठहरी सी बात करें |
आओ तट पर बैठें
बहते जल से कोई बात करें |
उत्तर कूल किनारे देंगे
बहते जल ने समझाया |
मेरे रूप रंग गति सबको
रुकना कभी नहीं भाया |
रुका हुआ जल हो जीवन हो
कभी न प्रेरित करता है |
निष्क्रिय हो कर स्वयं दूसरो
की छवि धूमिल करता है |

बैठो मत मेरे संग आओ
लहर लहर संवाद करें ।
आओ तट पर बैठें
बहते जल से कोई बात करें ।

—

51. नदी के पार

समय कितना लग रहा है
इस नदी के पार जाने में ।
आज कौतूहल अपेक्षा
में घिरा जीवन ।
हर जगह पर धार
मन की नापता है ।
लोभ की या लाभ की
हर बीथिका में
स्वयं की ही सर्जना
को लांघता है ।
है बहुत घिरता हुआ सा लक्ष्य
इस सदी से पार पाने में ।
समय कितना लग रहा है
इस नदी के पार जाने में ।
गति हुयी अक्षम बहुत अब
शिथिलता पग रोकती है ।
पार जाने की विकलता
हर घड़ी कुछ टोकती है ।
लालसा के सुमन ले कर
पंखुरियों को ही सहेजे ।
है कहाँ का न्याय अपनी
भावना के स्वर ने भेजें ।

नीड़ में जब चुभ रहें तिनके
रहें क्यों मन को मनाने में |
समय कितना लग रहा है
इस नदी के पार जाने में |

—

52. हार कितनी भी बड़ी हो

हार कितनी भी बड़ी क्यों न हो
जीतने के लिए तो लड़ो |
क्यों समय से कहें साथ दो
हम अकेले खड़े हो सकें |
छोड़ कर अपने पैरो की छाप
हम स्वयं ही बड़े हो सकें |
रास्ते सबके अपने अलग
पर स्वयं के लिए तो बढ़ो |
हार कितनी भी बड़ी क्यों न हो
जीतने के लिए तो लड़ो |
एक जीवन कहानी बड़ी
टुकड़ो टुकड़ो में बटती हुयी |
कुछ हमारा तुम्हारा नहीं
बस तमस में ही छटती हुयी |
सीढ़ियां कितनी बीहड़ रहें
एक एक पग सम्हल कर चढ़ो |
हार कितनी भी बड़ी क्यों न हो
जीतने के लिए तो लड़ो |

—

53. अपेक्षाएं मत पालो मीत

अपेक्षाएं मत पालो मीत
अपेक्षाएं भिक्षा पात्र बना देती हैं |
फिर घड़ी घड़ी
विनम्रता का जामा पहना कर
एक एक पग पर
लघुता का बोध कराती हैं |
कोई छोटा बड़ा संकेत दे कर
मन का स्रोत अंदर अंदर
रीतने लगता है
इससे स्थिति प्रज्ञ बनो
जो जैसा है
उसे वैसा ही रहने दो |
यहाँ यदि मेरा कुछ नहीं
तो तुम्हारा भी तो
कुछ नहीं है |
आओ समतल राह चुनें
अपना पराया छोड़ कर
कुछ नया मंत्र साथ साथ गुने |

54. आखर डकेरे लेखनी ने

बहुत दिन के बाद
कुछ आखर डकेरे लेखनी ने ।
कहीं सोये भाव जागे
राग बोले स्वर सजाये ।
रूप रस की गंध की
सारी कहानी बोल आये ।
और फिर सारे जगत के
किये फेरे लेखनी ने ।
बहुत दिन के बाद
कुछ आखर डकेरे लेखनी ने ।
अक्षरों के मोह भी
कुछ तोड़ता कुछ बांधता है ।
यह स्वयं चलकर न जाने
हर कड़ी को साधता है ।
तमस में भी मोतियों के
स्वर बिखेरे लेखनी ने ।
बहुत दिन के बाद
कुछ आखर डकेरे लेखनी ने ।

—

55. सच को सच ही कहना होगा

सच को सच ही कहना होगा ।
ऊपर ऊपर लीपापोती
जगह जगह के जोड़ घटाने ।
इन सबसे कुछ काम न बनता
चाहे जितने करो बहाने ।
सच के अमृतघट में साथी
निर्मल जल तो भरना होगा ।
सच को सच ही कहना होगा ।
हमसे कहना तुमसे कहना
एक दूसरे पर आरोपण ।
कब तक ऐसा खेल चलेगा
क्यों न करें इसका संशोधन ।
मन दर्पण की धूल झाड़ कर
उस पर सच ही लिखना होगा ।
सच को सच ही कहना होगा ।
रोक सके मन के प्रपात को
ऐसी शिला नहीं बन पायी ।
अवरोधों को रही तोड़ती
बून्द बून्द देकर गहराई ।
सच के स्वर्ग बिंदु को अपनी

जिह्वा पर तो रखना होगा |
सच को सच ही कहना होगा |

—

9 798889 555567340